Christiane Bürger und Sahra Rausch

Der Prozess

Wie der deutsche Völkermord an den OvaHerero und Nama nicht vor Gericht kam

Mit Bildern von
Tuaovisiua Betty Katuuo

Ein unversöhnliches Heft

Übersetzung ins Englische: Ryan Eyers

MaroVerlag

Am 23. Januar 1904 ruft Samuel Maharero, Chief der OvaHerero, zum Aufstand gegen die deutschen Kolonisten in »Deutsch-Südwestafrika« auf. Das Volk der OvaHerero lebt seit 1884 unter einer deutschen Herrschaft, die die Einheimischen bestenfalls als »notwendiges Arbeitsmaterial für die zukünftige Verwendung des Landes«[1] ansieht. In den Jahren vor diesem Krieg, dem sich später auch die im Süden des Landes lebenden Nama anschließen, legen die Besatzer eine Brutalität an den Tag, die auf die Zerstörung der Lebensweise und der Kultur der Einheimischen ausgerichtet ist. Zahllose Morde, Vergewaltigungen und Misshandlungen durch die Deutschen sind belegt. Die Bevölkerung wird ausgebeutet und von den fruchtbaren Landstrichen vertrieben, die ihr Überleben sicherten.

Die Widerstandskämpfer fügen den Kolonisatoren und der Reichsarmee hohe Verluste zu – deutsche Frauen und Kinder verschonen sie auf ausdrücklichen Befehl Mahareros. Kaiser Wilhelm II und der Chef des Generalstabs Alfred Graf von Schlieffen sind überzeugt: »Der entbrannte Rassenkampf ist nur durch Vernichtung […] der einen Partei abzuschliessen.«[2] General Lothar von Trotha, der im Verlauf der Auseinandersetzung aus Deutschland hinzugerufen wird, soll die Sache vor Ort in die Hand nehmen. »Innerhalb der Deutschen Grenze wird jeder Herero mit oder ohne Gewehr, mit oder ohne Vieh erschossen, ich nehme keine Weiber und keine Kinder mehr auf, treibe sie zu ihrem Volk zurück oder lasse auch auf sie schießen.«[3] – so sein »Vernichtungsbefehl«, nur einer von unzähligen Belegen für das, was Historiker:innen später den Ersten Völkermord des 20. Jahrhunderts nennen. Nach der »Schlacht am Waterberg« im August 1904 werden Tausende mit militärischer Gewalt in die Wüste und somit in den Tod getrieben. Monate später, als das Schlimmste längst geschehen ist, nimmt das Kaiserreich von Trothas Befehl offiziell zurück, ihm wird die alleinige Schuld und Verantwortung zugewiesen. Unterschiedliche politische Interessen führen in den Jahrzehnten nach dem Völkermord dazu, ihn zu relativieren. Bis 1908 sterben zehntausende Menschen im Krieg und in den Konzentrationslagern in Okahandja, Windhoek und Swakopmund. Die Nachfahr:innen der Opfer setzen sich seit Jahrzehnten für eine Anerkennung des Völkermords, Reparationen und eine offizielle

Entschuldigung der Bundesregierung ein. Dieser Text widmet sich dem juristischen »Prozess«, den die Nachkommen seit 1999 gegen den deutschen Staat führen.

> *Unser Ziel war und ist, einen gemeinsamen Weg zu echter Versöhnung im Angedenken der Opfer zu finden. Dazu gehört, dass wir die Ereignisse der deutschen Kolonialzeit im heutigen Namibia und insbesondere die Gräueltaten in der Zeit von 1904 bis 1908 ohne Schonung und Beschönigung benennen. Wir werden diese Ereignisse jetzt auch offiziell als das bezeichnen, was sie aus heutiger Perspektive waren: ein Völkermord.*
>
> *Im Lichte der historischen und moralischen Verantwortung Deutschlands werden wir Namibia und die Nachkommen der Opfer um Vergebung bitten.*
>
> *Als Geste der Anerkennung des unermesslichen Leids, das den Opfern zugefügt wurde, wollen wir Namibia und die Nachkommen der Opfer mit einem substanziellen Programm in Höhe von 1,1 Milliarden Euro zum Wiederaufbau und zur Entwicklung unterstützen. [...] Rechtliche Ansprüche auf Entschädigung lassen sich daraus nicht ableiten. [...]*
>
> Pressemitteilung des Auswärtigen Amts, 28. Mai 2021[4]

117 Jahre nach dem Beginn des Völkermords an den OvaHerero und Nama, begangen von deutschen Kolonialsoldaten im damaligen »Deutsch-Südwestafrika«, dem heutigen Namibia, will Deutschland einen »gemeinsamen Weg zu echter Versöhnung« einschlagen. Seit 2015 verhandelten Gesandte von deutscher und namibischer Seite, um zu einer gemeinsamen Regierungserklärung zu kommen, die die Anerkennung

des Völkermords und eine Entschuldigung enthalten soll. Auch wenn sich die genauen Todeszahlen nicht feststellen lassen, wird davon ausgegangen, dass bei dem Völkermord circa 80 Prozent der OvaHerero und 20 Prozent der Nama ums Leben kamen.[5] Im Mai 2021 kündigt das Auswärtige Amt an, dass die Verhandlungen nun abgeschlossen seien und eine Entschuldigung noch vor dem Ende der Legislaturperiode im September ausgesprochen werden soll. Doch bereits kurz nachdem die oben zitierte Pressemitteilung veröffentlicht wird, äußern die Communitys der OvaHerero und Nama vehemente Kritik an den Inhalten der deutsch-namibischen Verhandlungsergebnisse. Insbesondere der Passus, dass sich aus der Anerkennung des Völkermords keine »rechtlichen Ansprüche auf Entschädigung« ableiten ließen und »dass mit den genannten Beträgen alle finanziellen Aspekte […] im Zusammenhang mit der Vergangenheit geregelt sind«[6], wird von den Nachfahr:innen der Opfer abgelehnt. Von dem in Aussicht gestellten Milliardenbetrag »zum Wiederaufbau und zur Entwicklung« sollen zwar auch die betroffenen Communitys profitieren, als Entwicklungshilfe kommen sie aber vor allem dem namibischen Staat zugute. Bereits seit den 1990er Jahren – das heißt mit der Unabhängigkeit Namibias – fordern die OvaHerero und Nama die Anerkennung des Genozids, die Zahlung von Reparationen sowie eine Entschuldigung von der deutschen Bundesregierung, ohne Gehör zu finden. Auch am Zustandekommen der Verhandlungsergebnisse des »Versöhnungsabkommens« wurden die betroffenen Communitys nicht beteiligt, was sie im Januar 2023 dazu veranlasst, Klage vor dem Obersten Gerichtshof in Windhoek einzureichen. Damit wollen sie die Unterzeichnung der »Gemeinsamen Erklärung« zwischen Deutschland und Namibia verhindern. Im April 2023 kommt außerdem ein Bericht von UN-Sonderberichterstatter:innen[7] zu dem Ergebnis, dass die fehlende Einbeziehung der Betroffenengruppen an den zwischenstaatlichen Verhandlungen ein Verstoß gegen die UN-Erklärung über die Rechte indigener Völker aus dem Jahr 2007 sei. Allerdings ist bereits im Sommer 2021 nicht mehr mit einer Zustimmung durch das namibische Parlament zu rechnen, da auch die namibische Opposition das Abkommen und die in Aussicht gestellte Entwicklungshilfe als Affront betrachtet. Seither ist nichts passiert: Die deutsche

Regierung lehnt es ab, in Nachverhandlungen über die »Reparationsfrage« zu treten. Statt also ein von beiden Parlamenten ratifiziertes völkerrechtlich bindendes »Versöhnungsabkommen« auf den Weg zu bringen, wird das Papier zu einer »Gemeinsamen Erklärung« herabgestuft.[8] Aus Berliner Sicht soll der Dialogprozess endlich abgeschlossen werden, schließlich, so die Auffassung, gehe man den »gemeinsamen Weg zu echter Versöhnung« schon recht lange. Was jedoch, wenn die Betroffenen (post)kolonialen Unrechts sich unversöhnlich zeigen? Was, wenn sie nicht finden, dass »gemeinsame Wege« beschritten wurden?

Mit der Klage im Januar 2023 versuchen die OvaHerero und Nama die Verfassungs- und Völkerrechtswidrigkeit der »Gemeinsamen Erklärung« zu erwirken. Sie wählen also das Mittel des Rechts, um den aktuellen Verhandlungsstand unwirksam zu machen und somit den Dialog neu eröffnen zu können. Die aktuelle Klage ist ein weiterer Schritt in einem langen Prozess, um mit nationalem und internationalem Recht die eigenen Forderungen durchzusetzen. Was aber, wenn das gegenwärtige Recht vor allem ein Machtmittel ist, um (neo)koloniale Verhältnisse aufrechtzuerhalten?

Dies ist ein Text, der betrachtet, inwiefern koloniale Massenverbrechen zum Gegenstand juristischer Aufarbeitung gemacht werden können, also ob das gegenwärtige Rechtssystem überhaupt vorsieht, koloniale Gewalt der Vergangenheit strafrechtlich zu verfolgen. Und es ist ein Text, der Gerechtigkeitsdiskurse jenseits des Gerichtssaals in den Blick nimmt. Wir schauen uns diese Fragen anhand von drei Aspekten an, die für die OvaHerero und Nama die Verfassungs- und Völkerrechtswidrigkeit der »Gemeinsamen Erklärung« ausmachen: 1) die fehlende völkerrechtliche Anerkennung des Genozids, 2) die Ablehnung von Reparationszahlungen vonseiten der Bundesregierung sowie 3) die fehlende Beteiligung von Vertreter:innen der OvaHerero und Nama an den deutsch-namibischen Regierungsverhandlungen. Nicht zuletzt geht es in diesem Heft um die spezifisch deutsche Erinnerungskultur, den Umgang mit der kolonialen Vergangenheit und postkoloniale Nachwirkungen.

Die Grenzen juristischer Aufarbeitung

In der oben zitierten Pressemitteilung des Auswärtigen Amts sowie in der »Gemeinsamen Erklärung« heißt es: »Wir werden diese Ereignisse jetzt auch offiziell als das bezeichnen, was sie aus heutiger Perspektive waren: ein Völkermord.« Handelt es sich dabei um eine offizielle Anerkennung des Völkermords an den OvaHerero und Nama? Entscheidend ist in diesem Satz der unscheinbare Einschub »aus heutiger Perspektive«. Hinter dieser Formulierung verbirgt sich eine Rechtsauffassung, die zur Folge hat, dass Deutschland den Genozid durchaus politisch und moralisch anerkennen kann, allerdings ohne juristische Folgen fürchten zu müssen. Eine Schlüsselrolle in der Argumentation der Bundesregierung spielt dabei der Grundsatz der Intertemporalität. Er besagt – kurz zusammengefasst –, dass bei der rechtlichen Bewertung eines Sachverhaltes nur das *damals* geltende Recht herangezogen wird. Das bedeutet, dass man nur dann für eine Straftat zur Verantwortung gezogen werden kann, wenn diese zum Zeitpunkt der Verübung auch unter Strafe stand.

Stellen wir uns also vor, dass wir eine Zeitmaschine besteigen und zurück in das Jahr 1904 reisen: In der Hochphase der Kolonialverbrechen ist die Tötung der OvaHerero und Nama aus völkerrechtlicher Perspektive »legitim«, da sie zum Zeitpunkt des Genozids nach juristischer Ansicht der Kolonialstaaten keine Rechtssubjekte sind. Die Europäer:innen betrachten sie als »unzivilisierte Völker« – diese Sichtweise entspricht der damaligen Rassenideologie. Demnach gelten auch die Genfer Konvention von 1864 und die Haager Landkriegsordnung von 1899 für die OvaHerero und Nama nicht. Beide Verträge sind essenzielle Komponenten des damals noch jungen humanitären Völkerrechts, die regeln, wie im Kriegs- oder Konfliktfall der Schutz von Personen gewährleistet wird, die nicht oder nicht mehr an Kampfhandlungen beteiligt sind. Deren Anwendung schließt man jedoch für die Kolonialgebiete aus. In der Logik des kolonialen Projekts werden ganze Weltregionen als »unbewohnt« betrachtet, um die bereits Jahrzehnte andauernde Landnahme und rassistische Machtpraktiken zu rechtfertigen. Für die kolonialen Akteur:innen passt das in ihr Weltbild. Schließlich liegt die Idee der »terra nullius« [Niemandsland] bereits der

Berliner Afrika-Konferenz 1884/85 zugrunde, auf der die anwesenden europäischen Großmächte den Kontinent ungeachtet seiner Bewohner:innen aufteilen und Kriterien für die völkerrechtliche Anerkennung von Kolonialbesitz festlegen. Der rechtliche Status der Kolonisierten variiert in den einzelnen Kolonien des Deutschen Reiches – neben »Deutsch-Südwestafrika« waren das auf dem afrikanischen Kontinent »Deutsch-Ostafrika«, »Togoland« und »Kamerun« –, die euphemistisch als »Schutzgebiete« bezeichnet werden. Grundsätzlich gilt eine rechtliche Trennung zwischen den »Europäer:innen«, die den Status von Staatsbürger:innen innehaben, und den »Afrikaner:innen« beziehungsweise Nicht-Europäer:innen, die als Untertan:innen ohne staatsbürgerliche Rechte angesehen werden.

Auf Basis dieser rechtlichen Trennung schließen die westlichen Mächte die Anwendung bestehender völkerrechtlicher Vertragswerke für die kolonisierten Gebiete aus. Mit dieser Erkenntnis reist man dann zurück ins Jahr 2021 und verkündet, dass der Genozid dem damaligen Recht entsprach und daher in der Gegenwart nicht geahndet werden kann. Die Juristin Karina Theurer, die seit 2022 die OvaHerero und Nama bei ihrer Klage gegen die namibische Regierung berät, hält diese Argumentation für ein »moralisches und politisches Armutszeugnis und auch rechtlich nicht haltbar«. Die Begründung der Bundesregierung, so Theurer weiter, »reproduziert die koloniale rassistische Entrechtung, die auf Entmenschlichung gründete«[9].

Das heutige Völkerrecht ist das Produkt eines langwierigen historischen Prozesses, in dem widerstreitende Positionen aufeinandertrafen. Unter dem Credo einer rechtlichen Gleichrangigkeit beansprucht das überstaatliche Regelwerk, die Beziehungen zwischen den Nationalstaaten zu regeln. Historisch steht das Völkerrecht im Dienst kolonialer Expansionsbestrebungen und deren rassifizierender Diskurse und lieferte eine Begründung, die Welt in »zivilisiert« und »unzivilisiert« aufzuteilen. Vor diesem Hintergrund können die Gerichtsbarkeit und Justiziabilität des Völkerrechts keine »neutralen« Sphären sein. So wirken geopolitische und ökonomische Machtasymmetrien, die zwischen den Staaten existierten und existieren, trotz einer proklamierten Gleichrangigkeit derselben fort.[10]

Auch die Genozid-Konvention aus dem Jahr 1948 entsteht keineswegs in einem »neutralen« Kontext. Sie ist eine unmittelbare Reaktion auf den Holocaust und zielt nicht auf die Verurteilung kolonialer Massenverbrechen. Dennoch beeinflusst die Gewalt in den Kolonien die Entstehung der Konvention. Es ist der Jurist und Holocaustüberlebende Raphael Lemkin, der den Begriff »Genozid« einführt und sich als Vordenker der Konvention dafür einsetzt, dass der Grundsatz der Intertemporalität bei Verbrechen gegen die Menschheit ausgesetzt wird. Bereits in seinen frühen Schriften verweist er dabei auch auf die Völkermorde an den Armenier:innen und den OvaHerero und Nama. Lemkins Definition von Völkermord umfasst nicht nur das Töten ganzer Bevölkerungsgruppen, sondern auch kulturelle, religiöse, politische, soziale und wirtschaftliche Verbrechen, die auf die Auslöschung von Gruppen zielen.[11] Insbesondere sein Konzept des »kulturellen Genozids« lehnen viele Zeitgenoss:innen jedoch als zu weitreichend ab. Weil juristische Folgen zum Nachteil der ehemaligen Kolonialstaaten erwartet werden, findet es keinen Eingang in die Genozid-Konvention, die 1951 von 147 Staaten ratifiziert wird[12]. Die USA unterzeichnen die Konvention erst im Herbst 1988, am Ende des Kalten Krieges. Lange wurde befürchtet, das Land könnte wegen der Sklaverei in den Südstaaten, der Verdrängung und Dezimierung der *First People* oder der beiden Atombombenabwürfe über Hiroshima und Nagasaki juristisch belangt werden. Nach den ersten Prozessen gemäß Völkerstrafrecht unmittelbar nach dem Zweiten Weltkrieg vergehen mehrere Jahrzehnte, bis die Konvention erneut Anwendung findet. Erst in den 1990er Jahren werden zeitlich begrenzte Ad-Hoc-Strafgerichtshöfe geschaffen, die sich mit den Völkerrechtsverbrechen in den Jugoslawienkriegen sowie mit dem Völkermord an den Tutsi in Ruanda im Jahr 1994 befassen.

Eigentlich ermöglicht es die UN-Konvention, Genozide international strafrechtlich zu ahnden. Doch das Völkerrecht ist – im Gegensatz zum innerstaatlichen Recht – in der Hinsicht speziell, dass es keine Exekutive gibt, die die Durchsetzung der juristischen Entscheidungen innerhalb anderer souveräner Staaten erzwingen kann. Nur in besonderen Situationen kommt es zu Verhaftungen, zum Beispiel wenn verurteilte Staaten sich auflösen oder Revolutionen Machthierarchien verändern. Außerdem können selbst die unterzeichnenden Staaten von Fall zu Fall entscheiden, ob sie sich darauf einlassen, vor Gericht zu erscheinen. In kolonialen Kontexten spielen diese rechtlichen Möglichkeiten allerdings meist eine untergeordnete Rolle, da die Täter:innen und Opfer oft nicht mehr leben, wenn es zu einer strafrechtlichen Verfolgung kommt. Trotzdem verfolgen die Nachfahr:innen der OvaHerero und Nama eine formaljuristische Anerkennung des Völkermords. Sie hoffen, darüber Entschädigungszahlungen erzwingen zu können, was sich auch daran ablesen lässt, dass sie statt eines »Versöhnungs-« ein »Reparationsabkommen« fordern. Was uns zum zweiten Punkt bringt: der Ablehnung von Reparationszahlungen durch die Bundesregierung.

»Wiedergutmachung« – Reparationen – Entschädigung

Bis heute leben viele Nachfahr:innen der überlebenden OvaHerero und Nama unter prekären wirtschaftlichen Bedingungen und bekleiden kaum politisch einflussreiche Positionen.[13] Dies hängt auch damit zusammen, dass es als Folge des Genozids und der damit verbundenen Vertreibungen zu einem systematischen Raub von Besitz und Land kam. Noch heute gehört weißen Siedler:innen ein Großteil des damaligen Landes der OvaHerero und Nama.[14] Da eine Landreform, die die Eigentumsverhältnisse zu Gunsten der Communitys ändern würde, von der namibischen Regierung bisher abgelehnt wird, fordern viele Vertreter:innen Entschädigungszahlungen, um sich den Grund und Boden »zurückkaufen« zu können, auf dem sie einst lebten. Von diesen Zahlungen würden auch die im Exil lebenden Nachfahr:innen profitieren – eine Gruppe, deren Interessen von der namibischen Regierung in den Verhandlungen nicht vertreten werden. Allerdings schließt die Bundesregierung Entschädigungszahlungen kategorisch aus. Im März 2023 stellte das Auswärtige Amt erneut klar: »Mangels rechtlicher Grundlage bestünden weder individuelle noch kollektive Entschädigungsansprüche einzelner Nachfahren von Opfergruppen wie Herero und Nama oder ihrer Verbände gegenüber der Bundesregierung.«[15] Warum also versuchen die Nachfahr:innen, weiterhin auf juristischem Wege Druck zu machen?

Weil sie sich von einer offiziellen völkerrechtlichen Anerkennung des Genozids die Durchsetzung ihrer Ansprüche auf Reparationen erhoffen. Die Begriffe Reparationen, Entschädigungen oder »Wiedergutmachung« werden in den politischen wie medialen Debatten meist synonym verwendet, obwohl es kontextspezifische Unterschiede gibt. Der Begriff der Reparationen wird oft verwendet, wenn das »Reparieren« historischen Unrechts durch Geldtransfers oder symbolische Akte der Anerkennung gefordert wird. Er ist als Lehnwort aus dem Englischen und Französischen international gebräuchlich. Im Deutschen sind damit meist die Reparationen nach dem Ersten Weltkrieg gemeint, die »als Recht des Siegers« im Friedensvertrag mit Frankreich, Italien, Großbritannien und den USA vereinbart wurden und auf eine Tradition im Kriegsrecht zurückgehen. Der Reparationsbegriff findet im deutschen Kontext bis 2021 – das heißt bis die OvaHerero und Nama ihn explizit machen – kaum oder nur sehr ablehnend Verwendung. In einer Antwort auf die Kleine Anfrage der Fraktion Die Linke bezüglich des gegenwärtigen Stands der Verhandlungen mit Namibia zur Aufarbeitung des Völkermordes an den OvaHerero und Nama im Jahr 2016 definiert die Bundesregierung »Reparationen« als »Ausgleich für Kriegsschäden«, die zwischen Nationalstaaten vereinbart werden können. Der Begriff »Entschädigung« werde »üblicherweise« auf den NS-Kontext angewandt und somit als Ausdruck deutscher »Wiedergutmachung« gegenüber Verfolgten des Nationalsozialismus verstanden.[16] Für die Bundesregierung kämen daher weder »Entschädigungen« noch »Reparationen« für den Völkermord an den OvaHerero und Nama infrage.

Tatsächlich ist es so, dass Staaten stets versuchen, eine Verpflichtung zur Zahlung von Entschädigungen zu verhindern. Zum einen liegt das an der möglichen »Gefahr«, juristische Präzedenzfälle zu schaffen, auf die sich weitere Opfergruppen berufen könnten. Zum anderen werden Entschädigungen in der Rhetorik der zwischenstaatlichen Versöhnung als unzureichend erachtet – vor allem, wenn sie juristisch erzwungen sind und somit die »Freiwilligkeit« der Zahlung angezweifelt wird. Die staatliche Ablehnung von Entschädigungszahlungen gilt ebenso für die »Wiedergutmachungspolitik« gegenüber den Opfern des Nationalsozialismus. Der Philosoph Urs Lindner hebt hervor, dass

»Deutschland [...] bisher zweimal Entschädigungen gezahlt [hat]: für die jüdischen Opfer und die osteuropäischen Zwangsarbeiter:innen. In beiden Fällen gab es von deutscher Seite unwürdiges Feilschen, im zweiten wurde sogar so lange gewartet, bis die meisten Überlebenden gestorben waren.«[17] Auch im Falle der OvaHerero und Nama, so begründet es die Bundesregierung, können Entschädigungen nicht fließen, da die unmittelbar Betroffenen bereits lange tot sind. Dass zentrale Vertreter:innen der OvaHerero und Nama nicht direkt in die Verhandlungen zwischen den Regierungen Deutschlands und Namibias einbezogen werden, begründet die deutsche Seite damit, dass ein *zwischenstaatlicher* »Versöhnungsdialog« nur auf Regierungsebene geführt werden *kann*. Und schließlich wird als weiteres Argument angebracht, dass die Zahlungen an NS-Zwangsarbeiter:innen als Teil deutscher »Wiedergutmachungspolitik« zustande gekommen seien. Seit den ersten Entschädigungszahlungen an Israel bis hin zum Abschluss verschiedener Globalabkommen mit den osteuropäischen Nachbarstaaten war die deutsche »Wiedergutmachung« immer ein politisch umstrittenes Unterfangen. Dabei gab es nie eine juristische Verpflichtung zur Zahlung von Entschädigungen. Deswegen legt die Bundesregierung auch großen Wert darauf, dass alle bisherigen Zahlungen »freiwillig« erfolgten. Das ist an dieser Stelle wichtig, weil die Auseinandersetzung mit der kolonialen Vergangenheit innerhalb der Grenzen der deutschen Erinnerungs- und Wiedergutmachungspolitik erfolgt.

Schauen wir ein wenig genauer auf die Ahndung (post)kolonialer Verbrechen, dann gibt es im internationalen Kontext bisher lediglich zwei erfolgreiche Fälle: Im ersten Fall gelingt es gefolterten Überlebenden der kenianischen Unabhängigkeitsbewegung (Mau-Mau-Krieg: 1952–1960), die britische Regierung im Jahr 2013 zur Bereitstellung eines Entschädigungsfonds zu zwingen. Im zweiten Fall erstreiten Witwen aus Indonesien eine Entschädigung für die Ermordung ihrer Ehemänner im Jahr 1947. Die Niederlande hatten die 1945 verkündete Unabhängigkeit Indonesiens nicht anerkannt und versuchten sie bis 1949 militärisch zu verhindern. Erst nachdem der Fall in Den Haag rund 60 Jahre nach dem Massaker verhandelt wird und die Niederlande zu einer Entschuldigung und einer Entschädigungszahlung verpflich-

tet werden, lenkt die Regierung ein und bekennt sich zu ihrer historischen Verantwortung. Die Juristin Karina Theurer betont, dass sich »diese Beispiele auf Verbrechen beziehen, die während der sogenannten Unabhängigkeitskriege begangen worden sind. Es gab bisher allerdings noch kein erfolgreich geführtes Gerichtsverfahren, in dem es um die juristische Aufarbeitung, Entschädigungsansprüche, Wiedergutmachung von kolonialen Verbrechen zu Beginn des 20. Jahrhunderts ging.«[18] Als Argument hierfür wird oft angeführt, dass insbesondere bei lang zurückliegenden historischen Verbrechen keine individuellen Schadensansprüche mehr nachvollzogen werden können – weil sowohl die Täter:innen als auch die Opfer schon tot sind. Warum also verklagen die OvaHerero 2001 die Bundesregierung und deutsche Unternehmen, wenn ihre Chance, den Genozid strafrechtlich zu verfolgen, so schlecht steht?

Rechtsprechung ist nicht gleich Gerechtigkeit

Die OvaHerero klagen im Jahr 1999 erstmals vor dem Internationalen Gerichtshof (IGH) in Den Haag gegen die Bundesrepublik, nachdem frühere Versuche der Betroffenen, mit der Bundesregierung über eine Aufarbeitung der kolonialen Vergangenheit ins Gespräch zu kommen, abgelehnt worden waren. Da allerdings keine Bevölkerungsgruppen, sondern nur souveräne Staaten andere Staaten vor Gericht bringen können, bleibt ihre Klage erfolglos.[19] Ab 1998 reichen ehemalige NS-Zwangsarbeiter:innen ohne deutsche Staatsangehörigkeit Sammelklagen (*class action*) in den USA ein, um Entschädigungszahlungen von deutschen und auf dem US-amerikanischen Markt aktiven Unternehmen zu erhalten, die während des Nationalsozialismus Zwangsarbeiter:innen einsetzten. Denn bis weit in die 1990er Jahre ist ein Großteil der vom NS-Regime Verfolgten von der Zahlung von Entschädigungen ausgeschlossen. Diese Fälle werden zum Vorbild für die Nachfahr:innen des Genozids, um auch ihre Ansprüche geltend zu machen. Im Jahr 2001 reicht die *Herero People's Reparation Corporation* (HPRC) eine Sammelklage in New York ein, um drei in den USA ansässige deutsche Unternehmen als Profiteure des Genozids zu verklagen.[20] Zusammen mit einer deckungsgleichen Klage gegen die Bundesregierung versuchen die OvaHerero einen Schadensersatz in Höhe von zwei Milliarden US-Dollar zu erwirken.

Allerdings – und dies ist auch im Kontext der Klagevorhaben der OvaHerero zentral – haben die Klagen der NS-Zwangsarbeiter:innen keinen juristischen Erfolg; sie münden in die Vereinbarung außergerichtlicher Vergleiche. Die Bereitschaft, Entschädigungen zu zahlen, kommt nur auf massiven internationalen politischen Druck und durch Boykottdrohungen in den USA zustande. Ein willkommener Nebeneffekt für die deutschen Unternehmen: Sie umgehen ein rechtswirksames Schuldeingeständnis. 1999 wird die Stiftung *Erinnerung, Verantwortung, Zukunft* (EVZ) eingerichtet, die fortan die Auszahlung von Entschädigungen in Höhe von zehn Milliarden Deutsche Mark regeln soll.[21] Die Finanzierung erfolgt zu gleichen Teilen mit Geldern des Bundes und von ehemals profitierenden Firmen. Damit die Unternehmen sich am Entschädigungsfonds beteiligen, wird ihnen im Gegenzug zugesichert, dass mit der Einrichtung des Fonds sämtliche Rechtsansprüche als abgegolten gelten.[22] Das bedeutet, dass seither der Rechtsweg für all diejenigen ausgeschlossen ist, die während des Nationalsozialismus Zwangsarbeit verrichten mussten. Die Parallele zur »Gemeinsamen Erklärung« Namibias und Deutschlands liegt auf der Hand – schließlich versucht die Bundesregierung auch hier, künftigen finanziellen Forderungen im Zusammenhang mit der kolonialen Vergangenheit einen Riegel vorzuschieben.

Mit der eingereichten Sammelklage in den USA wählen die OvaHerero die gleiche Strategie wie die ehemaligen Zwangsarbeiter:innen. Da gemäß des Völkerrechts Staaten auf internationaler Ebene Immunität gegenüber der Gerichtsbarkeit anderer Länder genießen, bleibt ihr Klageversuch gegen die Bundesregierung – so wie auch bei der Klage in Den Haag 1999 – erfolglos.[23] Zivilrechtliche Sammelklagen gegen Unternehmen sind zu diesem Zeitpunkt das einzige zur Wahl stehende juristische Mittel, von dem postkoloniale Akteur:innen Gebrauch machen können. Angeklagt sind die Deutsche Bank AG, die Reederei Woermann, sowie Terex, ein US-Hersteller von Bau- und Bergbaumaschinen, der die deutsche Firma Orenstein & Koppel aufkaufte. Reparationen für die »kriegsbedingten Schädigungen«[24], die mit der Klage

erreicht werden sollen, sieht die internationale Staatengemeinschaft seit dem Zweiten Weltkrieg allerdings als Anspruch eines geschädigten Staates an und verhandelt sie entsprechend nur auf Regierungsebene. Die *class action*, als zivilrechtliche Sammelklage, zielt auf die Zahlung individueller Entschädigungen ab – unabhängig davon, ob die OvaHerero die geforderten Reparationen als kollektiv und somit ihrer Gemeinschaft zugutekommend auffassen.[25] Bei der juristischen Beurteilung ihrer Anspruchsforderungen spielt eine maßgebliche Rolle, dass die OvaHerero als Nachfahr:innen, im Gegensatz zu den NS-Zwangsarbeiter:innen und anderen NS-Verfolgten, nicht unmittelbar vom Genozid betroffen waren. Der Jurist Stefan Eicker kommt daher zu dem Schluss, dass eine Entschädigung für persönliche Schäden ausgeschlossen ist; nur »vererbte Ansprüche« könnten geltend gemacht werden. Solch ein Nachweis ist aufgrund der verstrichenen Zeit und aufgrund der nicht-westlichen Besitzverständnisse und -verhältnisse nur schwer zu erbringen. Die Klagen werden 2003 unter anderem deswegen abgelehnt, weil die Kläger:innen laut Gericht ihre Ansprüche nicht überzeugend darlegen können. Danach reichen die OvaHerero und Nama keine weiteren Entschädigungsklagen mehr in den USA gegen dort ansässige deutsche Unternehmen ein. Erst mit der Verabschiedung der UN-Konvention zum Schutz indigener Völker im Jahr 2007 eröffnet sich eine neue Möglichkeit, die Entschädigungsforderungen der OvaHerero und Nama zum Gegenstand juristischer Auseinandersetzungen zu machen, wie wir noch zeigen werden.

Obwohl die Aussichten verschwindend gering sind, Entschädigungen auf dem juristischen Weg zu erwirken, sollte nicht ignoriert werden, dass der Gerichtssaal einen wichtigen erinnerungspolitischen Raum darstellt. Zudem braucht es einen gesellschaftlichen und politischen Konsens in den »Tätergesellschaften« über die Notwendigkeit der Aufarbeitung kolonialer Verbrechen, um wirksame Forderungen durchzusetzen. Der Gerichtssaal ermöglicht den Nachfahr:innen kolonialer Gewalt zumindest, ihre Entschädigungsforderungen – mitunter erstmals – zu formulieren. Vor allem in der Medienberichterstattung können juristische Verfahren einem größeren Publikum zugänglich gemacht werden. Zugleich rückt dabei in den Fokus, welche Geschichte(n) als erinnerungspolitisches Ereignis aufgearbeitet werden soll(en).[26]

Die Klagen der NS-Zwangsarbeiter:innen sowie der OvaHerero im Jahr 2001 zeigen, dass aufgrund der Gesetzeslage und den von ungleichen Machtverhältnissen geprägten Kämpfen um Entschädigungszahlungen politische Antworten gefunden werden müssen. Für marginalisierte Verbrechen gilt dabei, dass diese von den westlichen Staaten zuerst anerkannt werden müssen. Genau das verweigert die Bundesregierung bis 2015, indem sie vermeidet, von einem Genozid zu sprechen. Um eine Anerkennung zu erreichen, beziehen sich marginalisierte Gruppen auf die Standards der etablierten Erinnerungsrhetorik. Diese werden im deutschen Kontext vor allem vom Holocaust-Gedenken vorgegeben. Obwohl bei der Aufarbeitung des Holocaust in Deutschland ein Großteil der Opfer jahrzehntelang ignoriert wurde und viele niemals Entschädigungen erhielten, hat sich zumindest rhetorisch eine erinnerungspolitische »Verpflichtung zur Aufarbeitung« durchgesetzt, die zunehmend auch in Bezug auf koloniale Verbrechen gilt.

Anknüpfend an diese Erinnerungsrhetorik bezieht sich die über 60 Seiten umfassende Sammelklage zum Völkermord wiederholt auf den Holocaust und die deutsche »Wiedergutmachung«. Dargestellt als »Vorreiter des Holocaust« geht der englischsprachige Text auf die »Endlösung«, das »Konzentrationslager«-System sowie auf Eugen Fischer und dessen rassenmedizinische Experimente in »Deutsch-Südwestafrika« ein. In der Einführung zur Sammelklage heißt es:

> *Die Angeklagten und das Deutsche Kaiserreich setzten eine wirtschaftliche Unternehmung in Gang, die den Massenmord, die Zerstörung der Stammeskultur und der sozialen Organisation, Konzentrationslager, Zwangsarbeit, medizinische Experimente sowie die Ausbeutung von Frauen und Kindern zur Durchsetzung ihrer finanziellen Interessen kaltblütig und ausdrücklich billigte. Erschreckend präzise wurde damit das unauslöschliche Grauen des europäischen Holocaust nur wenige Jahrzehnte später vorweggenommen.*[27]

Indem sie vom »europäischen Holocaust« sprechen, stellen die OvaHerero den Genozid in »Deutsch-Südwestafrika« in eine Kontinuität

»von Windhoek nach Auschwitz«[28] und setzen koloniale und nationalsozialistische Gewalt in Beziehung. Die Verknüpfung von Kolonialismus und Nationalsozialismus, die in späteren Jahren in Feuilleton und Geschichtswissenschaft kontrovers diskutiert wird, findet im Jahr 2001 jedoch kaum Beachtung. Es liegt an einem »anderen« Genozid, warum – Jahre später wohlgemerkt – die mediale und politische Debatte zum Völkermord wieder angestoßen wird.

2015 jährt sich zum 100. Mal der Genozid an den Armenier:innen. Die Türkei, die eine Anerkennung der Verbrechen bis heute verweigert, wird für ihre Haltung von internationaler, besonders auch von deutscher Seite scharf kritisiert. Die beiden damaligen Oppositionsparteien – Bündnis 90/Die Grünen und Die Linke – setzen die Verbrechen auf die Tagesordnung einer Bundestagssitzung, um sie als Völkermord zu verurteilen. Der türkische Präsident Recep Tayyip Erdoğan wirft Deutschland daraufhin vor, es solle seine eigenen Völkermorde aufarbeiten, bevor es zu Kritik an der Türkei berechtigt sei. Als Reaktion darauf fordert auch der damalige Bundestagspräsident Norbert Lammert in der Wochenzeitung Die Zeit: »Wer in der Bundesrepublik vom Armenier-Genozid spricht, darf vom deutschen Völkermord an den Herero und Nama nicht schweigen.«[29] So ringt sich im Juli 2015 die Bundesregierung dazu durch, die »Ereignisse« in »Deutsch-Südwestafrika« inoffiziell als Völkermord zu bezeichnen.

Wie vollbringt man das Kunststück, historische Massenverbrechen inoffiziell anzuerkennen? Berlin löst das so: Ein Pressesprecher der Bundesregierung – das heißt kein Regierungsmitglied – verwendet den Begriff »Völkermord« nur in Zitatform aus zurückliegenden Anträgen, die dem Bundestag zwar zur Abstimmung vorgelegt, aber nicht angenommen wurden. Da kommt es zupass, dass einer dieser Anträge aus dem Jahr 2012 vom damaligen oppositionellen Fraktionsführer der SPD, Frank-Walter Steinmeier, stammt, der mittlerweile Außenminister ist. Das Lavieren des Pressesprechers verwirrt auch die anwesenden Journalist:innen. Einer von ihnen hakt nach, ob denn »die Bundesregierung sagt: Das war Völkermord«. Was tatsächlich eine ziemliche Meldung wäre, wie auch der Journalist anmerkt. Daraufhin entgegnet der Pressesprecher: »Dann melden Sie es.«

Diese indirekte Anerkennung des Genozids akzeptieren die Nachfahr:innen nicht – vor allem da sie nicht mit einer »symbolischen und materiellen Wiedergutmachung« verbunden ist. Das machen OvaHerero und Nama in einer Pressemitteilung im März 2016 deutlich.[30] Und hier liegt der Grund, warum die Bundesregierung den Begriff »Völkermord« auch nicht von ihrem Pressesprecher in den Mund nehmen lässt: die Reparationsforderungen der OvaHerero und Nama.

Der bereits 2015 angestoßene Dialogprozess zwischen den Regierungen wird auf namibischer Seite vom ehemaligen Diplomaten und Herero Dr. Zed Ngavirue geführt und auf deutscher Seite vom CDU-Politiker Ruprecht Polenz. Ziel sei es, »ein gemeinsames Verständnis über das, was geschehen ist, zu gewinnen [...]«[31]. Hinter geschlossenen Türen und ohne Einbezug der zentralen Interessenverbände der OvaHerero und Nama – wie etwa dem Paramount Chief der OvaHerero oder der *OvaHerero Traditional Authority* (OTA) und der *Nama Traditional Leader Association* (NTLA) – sollen die Bedingungen für die Formulierung einer offiziellen Entschuldigung geklärt werden. Als im Jahr 2016, erneut auf einer Pressekonferenz, die Regierungspressesprecherin tatsächlich den Begriff »Völkermord« nutzt, weiß die Bundesregierung bereits, dass sich aus dieser sprachlichen Anpassung keinesfalls Reparationen ableiten lassen. Sie sicherte sich dazu mithilfe verschiedener Ausarbeitungen des Wissenschaftlichen Dienstes juristisch ab. Noch während die Verhandlungen zwischen den beiden Regierungen laufen, entscheiden sich Vertreter:innen der OvaHerero und Nama erneut zu einer Klage in den USA. Am 5. Januar 2017 reichen sie am Bundesbezirksgericht in New York eine weitere Sammelklage gegen die Bundesregierung ein, mit der die Kläger:innen Entschädigung für den Genozid und den Verlust von Eigentum erwirken wollen. Begründet wird sie diesmal damit, dass die Bundesregierung gegen die zehn Jahre zuvor erlassene UN-Konvention zum Recht indigener Völker verstoßen würde. Während sich an der juristischen Ausgangslage nichts geändert hat – 2019 wird die Klage erneut mit Verweis auf die Staatenimmunität sowie das Prinzip der Intertemporalität abgewiesen – verändert sich die Diskussion in Deutschland dazu. Auch wenn es *de facto* nie zu einem juristischen Prozess kam, wird die koloniale Massengewalt

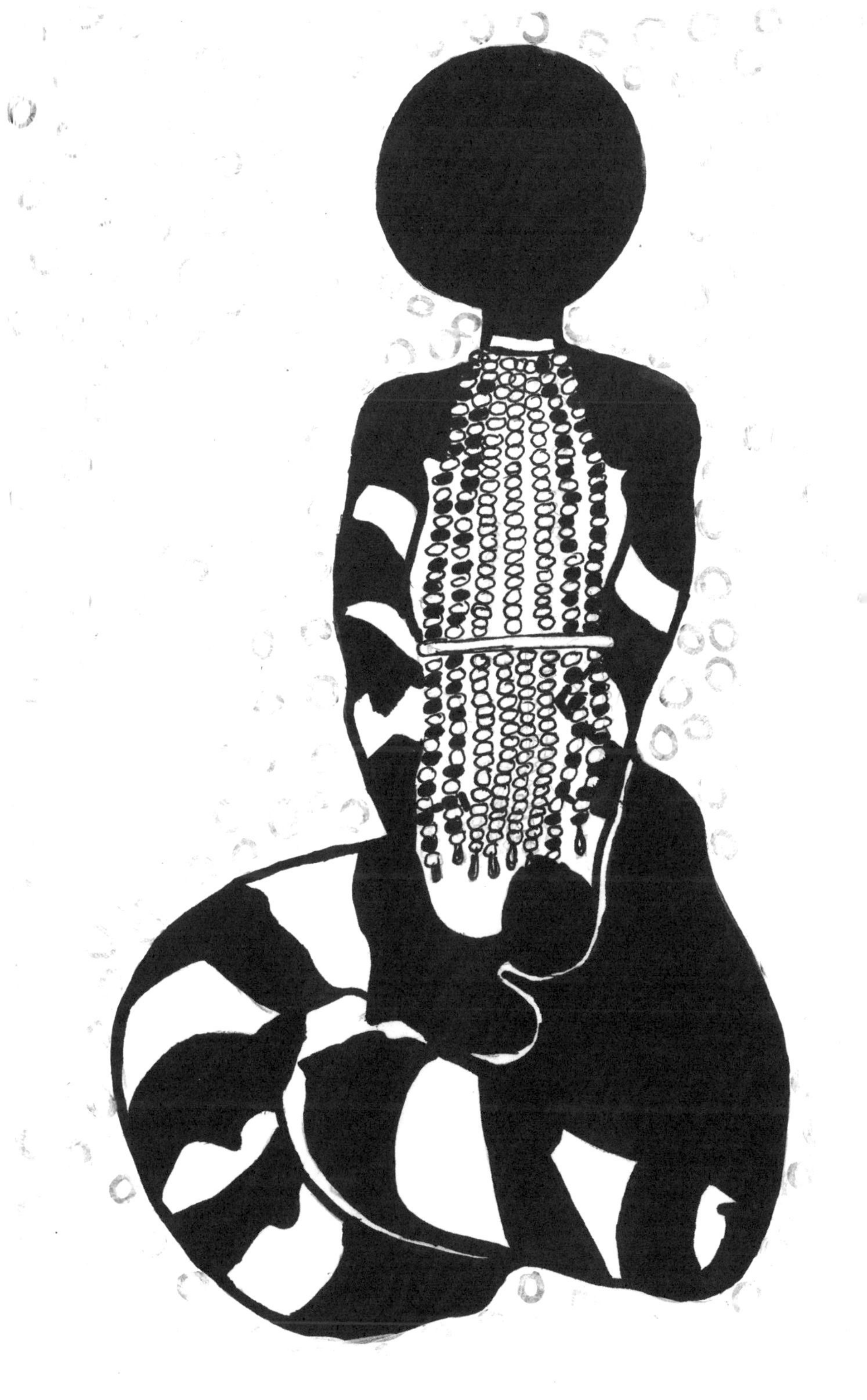

zunehmend vor dem Hintergrund der Aufarbeitung der nationalsozialistischen Verbrechen und des Holocaust betrachtet und auch bewertet. Im Januar 2018, als die Bundesregierung sich anhaltend weigert, die Einreichung der Klage vor einem US-amerikanischen Gericht anzuerkennen, schreibt der Historiker Jürgen Zimmerer in der Tageszeitung:

> *In Deutschland wurde die Vergangenheitsbewältigung nach dem Zweiten Weltkrieg zu einem wesentlichen Element der deutschen Identität, die Anerkennung historischer Schuld und die damit verbundene Aussöhnung zu einem Teil der Staatsräson. Dies ermöglichte Deutschland nach dem Verbrechen des Dritten Reiches den Wiedereintritt in den Kreis der »zivilisierten« Nationen, wie es hieß. Und in der Tat wurde hier Beachtliches geleistet. So stolz waren viele, dass deutsche Politiker in den letzten Jahren Deutschland der Türkei wiederholt als Vorbild für den Umgang mit einer genozidalen Vergangenheit empfahlen. 2016 erfolgte die offizielle Anerkennung des Völkermordes an den Armeniern durch den Bundestag.*
>
> *Dass diese Bereitschaft für den zehn Jahre zuvor von deutschen Truppen verübten Genozid in Deutsch-Südwestafrika nicht gilt, ist schwer zu vermitteln. Dass versucht wird, die Klage der Nachfahren der Opfer durch völkerrechtliche Winkelzüge ins Leere laufen zu lassen, statt mit ihnen einen offenen Dialog zu suchen, ist beschämend.*[32]

Zimmerers Einwand verdeutlicht, auf welche Weise der Gerichtssaal und die damit verknüpfte universelle Versöhnungsrhetorik zum Ort erinnerungspolitischer Aushandlungen wird. Vor diesem Hintergrund beschreibt er es auch als »beschämend«, dass die Bundesregierung die Klage der OvaHerero und Nama »ins Leere laufen lässt«. Der Historiker knüpft dabei bewusst an den Erinnerungsrahmen »Holocaust« an, um die bundesrepublikanische Erinnerungskultur im Hinblick auf die Aufarbeitung kolonialer Gewalt als unzureichend zu bewerten. Einerseits kann die »Beschämung« deutscher Erinnerungspolitik den nötigen nationalen, aber auch internationalen Druck erzeugen, an dem es in den Jahren zuvor gefehlt hat. Mit dem erinnerungspolitischen Wandel wird andererseits die koloniale Vergangenheit zunehmend im Kontext deutscher Nationalgeschichtsschreibung verortet. In den staatlich geführten Debatten, die sich vor allem auf das »richtige« Erinnern an die deutsche Kolonialgeschichte konzentrieren, spielen die konkreten namibischen Forderungen oder die der OvaHerero und Nama – leider – eine untergeordnete Rolle.

Aus rechtlicher Sicht können Namibia oder die Nachfahr:innen weiterhin keine finanziellen Ansprüche auf eine »Wiedergutmachung« kolonialen Unrechts vor nationalen und internationalen Gerichten geltend machen. Die Bundesregierung ist zu keinem Zeitpunkt auf die Reparationsforderungen der OvaHerero und Nama eingegangen. Als die letzte Sammelklage im März 2019 schließlich abgewiesen wird, kommentiert dies der Sondergesandte Ruprecht Polenz mit den Worten: »Wir haben deshalb immer gesagt, dass es sich hierbei nicht um eine rechtliche, sondern um eine politische und moralische Frage handelt.«[33] Wie problematisch diese moralische Ausdeutung der historischen Aufarbeitung ist, werden wir im Folgenden zeigen.

Zur Trennung von Moral und Recht

> *Ohne Zustimmung und Vergebung derjenigen, deren widerständige Vorfahren während des Genozids ermordet, vertrieben und enteignet wurden, kann es keine Versöhnung geben.*
>
> Pressemitteilung des Bündnisses
> *Völkermord verjährt nicht*, 16. März 2016[34]

Mit der Ankündigung des sogenannten Versöhnungsabkommens bringen einige Journalist:innen ihre Hoffnung zum Ausdruck, dass damit ein erster Schritt zu einer konsequenten Aufarbeitung des Kolonialismus im Austausch mit den ehemals Kolonisierten gelingt. Die Chance, einen Paradigmenwechsel im Umgang mit kolonialen Verbrechen einzuleiten, wird jedoch vertan. Zum einen liegt das an der fehlenden völkerrechtlichen Anerkennung und der Verweigerung, Entschädigungs-

zahlungen auch nur zu erwägen. Zum anderen müssen wir aber auch auf die gegenwärtigen Machtungleichheiten zwischen Namibia und Deutschland und auf die Tatsache blicken, dass die Bundesregierung die Betroffenengruppen der OvaHerero und Nama nicht als legitime Verhandlungspartnerinnen erachtet.

Der gesamte beschriebene Prozess ist charakteristisch für Deutschlands Versuch, die Deutungshoheit über die Geschichte zu wahren. Im Dialogprozess mit Namibia behält sich die Bundesregierung vor, sich erst über die »historischen Fakten« verständigen zu müssen, bevor die Leidtragenden die Autorisierung erhalten, ihre Forderungen überhaupt nur vorzubringen. Da die Historie schon seit den 1960er Jahren von Historikern in Ost- und Westdeutschland hinreichend beforscht wird, mangelt es nicht an gesichertem Wissen. Dass zudem die »Wiedergutmachung« mit dem Mittel der Entwicklungshilfe erreicht werden soll, unterstreicht das Machtgefälle, das zwischen der europäischen Metropole und der ehemaligen Kolonie besteht. Nicht nur das Angebot von 1,1 Milliarden Euro an den namibischen Staat, die über einen Zeitraum von 30 Jahren gezahlt werden sollen, wird von den OvaHerero und Nama als »Affront gegen unsere Existenz«[35] aufgefasst. Auch dass damit »alle finanziellen Aspekte [...] im Zusammenhang mit der Vergangenheit geregelt« sein sollen, lässt sich als Wunsch eines Schlussstrichs deuten oder gar als Diktat zur Versöhnung. Die »moralische und historische Verantwortungsübernahme«, die von deutscher Seite immer wieder beschworen wird, zielt auf eine in die Zukunft gerichtete »Entwicklungszusammenarbeit«, bei der eine historische Aufarbeitung des deutschen Kolonialismus ebenso ausgeblendet wird wie die Forderungen nach Entschädigungen der OvaHerero und Nama.

Hinzu kommt, dass auch die namibische Regierung im Arrangement mit der BRD ihre eigenen Interessen verfolgt. Interessen, die nicht mit denen der Opfergruppen deckungsgleich sind. Die OvaHerero und Nama, die eine wirtschaftlich schwache Minderheit in Namibia sind und wenig Repräsentanz auf Regierungsebene haben, würden von Entschädigungszahlungen mehr profitieren als von deutschen Entwicklungsgeldern, die an den namibischen Staat gezahlt werden. Zudem konkurriert der Genozid in der Erinnerungskultur des Landes mit dem Narrativ der namibischen Staatsgründung[36]: dem Befreiungskampf gegen das südafrikanische Regime, das erst mit der Unabhängigkeit Namibias im Jahr 1990 überwunden ist. 1920 stellt der Völkerbund das Land unter Mandatsverwaltung Südafrikas. Faktisch wird das Gebiet in den folgenden Jahrzehnten in Fremdverwaltung regiert und in das Apartheid-System integriert. Seit den 1960er Jahren formieren sich Unabhängigkeitsbewegungen, die zum Teil blutig niedergeschlagen werden. Die Dekaden des Widerstands sind zentral für das kollektive Gedächtnis in Namibia. Die Auflehnung gegen die deutsche Kolonialmacht ist in dieser Erinnerungstradition oft Teil des nationalen Unabhängigkeitskampfes. Die vom Staat betriebene Erinnerungspraxis an den Genozid ist durchaus ambivalent. Dies zeigt sich etwa daran, dass der staatlich finanzierte Tourismussektor an geschichtsträchtigen Orten des Völkermords, dem Waterberg und dem ehemaligen Gelände des Konzentrationslagers auf Shark Island, Campingplätze und Resorts betreibt – was zunehmend in Kritik gerät.

Doch zurück nach Deutschland: Die Bundesregierung wird nicht müde, eine Kontinuität »moralischer Verantwortungsübernahme« seit der Unabhängigkeit Namibias zu behaupten.[37] Hinsichtlich des Genozids soll der Eindruck einer konsistenten Aufarbeitungspolitik entstehen, der vor allem auch das deutsche Erinnerungshandeln positiv bewertet. Versöhnung verkommt zu einem Akt der Freiwilligkeit, in dem sich die Nachfahr:innen der Täter in ihrer angeblichen Selbstlosigkeit und Generosität inszenieren können. In seinem Buch »Versöhnungstheater« bezeichnet der Publizist Max Czollek diese Form der Inszenierung in Bezug auf den Nationalsozialismus als »Wiedergutwerdung« – ein Begriff, der vom Autor Eike Geisel für die deutsche Auseinandersetzung mit der NS-Geschichte entwickelt wurde. »Wieder gut werden« meint hierbei, dass sich die Nachfahr:innen der Täter:innen mit den historischen Verbrechen in der Vergangenheit aussöhnen, ohne jemals wirklich Möglichkeiten für eine »Wiedergutmachung« zu erwägen.[38] Auch in der Auseinandersetzung mit der kolonialen Vergangenheit deutet sich eine solche Entwicklung an.

Wege zu umverteilender Gerechtigkeit

> *Ich empfinde dieses Beharren auf einem bestimmten Geldbetrag als paternalistisch, also dass man den afrikanischen indigenen Minderheiten diese Karotte hinhält (und) sie sich damit zufriedengeben sollen, weil sie so arm sind […]. Kein Geldbetrag kann den angerichteten Schaden je wiedergutmachen. Es geht um Anerkennung. Deutschland wird uns nur anerkennen, wenn es sich mit uns an einen Tisch setzt.*
>
> Sima Luipert, NTLA, 23. Dezember 2023[39]

Die Aktivistin und stellvertretende Vorsitzende des *Technical Committee on the Nama Genocide* der *Nama Traditional Leaders Association* (NTLA) Sima Luipert verdeutlicht, wie die Aufarbeitung der historischen Massenverbrechen gegen die OvaHerero und Nama aussehen sollte: Sie nennt die Verhandlung über bestimmte Geldbeträge eine Obsession und paternalistisch. Zentral sei die Anerkennung, die nur erfolgen könne, wenn ein direkter Dialog aufgenommen werde. Anerkennung beinhalte nicht nur das Benennen der historischen Verbrechen, sondern auch die Anerkennung der »Anderen« und deren Leid. Das bedeutet auch, anzuerkennen, dass sich die Auffassungen davon, was »gerecht« ist, unterscheiden. Die Philosophin Nancy Fraser vertritt ein Verständnis sozialer Gerechtigkeit, das grundlegende Maßnahmen der Umverteilung beinhaltet.[40] Um eine Umverteilung mithilfe von Reparationen sowie eine Beteiligung der Betroffenengruppen am »Versöhnungsprozess« zu erwirken, beschreiten die Nachkommen seit 2023 erneut den rechtlichen Weg.

Die Gegenwärtigkeit der Vergangenheit schlägt sich im westlich geprägten Völkerrecht ebenso nieder wie in der neokolonialen Entwicklungszusammenarbeit, wie sie die Bundesregierung vorsieht. Nur durch Anerkennung und Umverteilung kann soziale Gerechtigkeit erreicht werden. Zunehmend unterziehen kritische Jurist:innen das Völkerrecht einer dekolonialen Rechtskritik, um die Verpflichtung zur

Zahlung von Reparationen auch gesetzlich zu verankern.[41] Der Jurist Matthias Goldmann schreibt deswegen, dass sich der Westen nicht dahinter verstecken dürfe, dass das Recht damals leider ungerecht gewesen sei.[42] Die rassistische Ausgangslage des Völkerrechts ist offensichtlich. Schließlich begründet es – mittels Berufung auf die Intertemporalität – die bis heute juristisch wirksame Nicht-Anerkennung des Genozids. Eine völkerrechtliche Anerkennung des Genozids, so notwendig und geboten sie ist, führt jedoch im gegenwärtigen Rechtssystem nicht zwingend zur Zahlung von Reparationen oder macht diese einklagbar. Es braucht also politische Antworten. Dabei sollte Sima Luiperts Hinweis ernst genommen werden, dass die Diskussionen über konkrete Geldbeträge paternalistisch sind, solange keine Anerkennung – der historischen Fakten sowie der betroffenen Communitys als offizielle Verhandlungspartner:innen – erreicht ist.

So wichtig Geldtransfers als Entschädigung für koloniale Massenverbrechen oder den Handel mit versklavten Menschen sind – »Reparationen« müssen weitreichender erfolgen. Im Jahr 2013 hat die internationale Organisation *Caribbean Community* (CARICOM), bestehend aus 14 karibischen Staaten, einen »Zehn-Punkte-Aktionsplan für reparative Gerechtigkeit« erarbeitet, in dem der Schuldenerlass für betroffene Länder, ein Bildungs- und Technologietransfer, die Förderung und Wahrung kultureller Identität sowie indigener Wissensbestände gefordert wird.[43] Zudem werden grundlegende Versöhnungsmaßnahmen vorgeschlagen, wie die Formulierung einer offiziellen Entschuldigung oder auch die Implementierung von Wahrheits- und Versöhnungskommissionen. Reparation kann dabei auch meinen, dass die für pseudowissenschaftliche Zwecke geraubten *human remains* in ihre Herkunftsgesellschaften zurückgeführt und Artefakte und Kunstwerke kolonialer Provenienz aus den europäischen Museen restituiert werden. Grundlegend ist hierfür, mit denjenigen in einen Dialog zu treten, die betroffen sind. So frustrierend der juristische Prozess für die Nachkommen bisher auch gewesen ist: Die vergangenen wie die gegenwärtigen Klagen haben die koloniale Gewalt ins öffentliche Bewusstsein gerückt. Der politische Druck steigt – wobei Aktivist:innen mehr denn je gefragt sind, sich den Versuchen einer Wiedergutwerdung zu widersetzen.

Tuqovisiuak

18 Theurer, Karina: »Die deutsche Regierung reproduziert den kolonialen Rassismus«, Die Zeit, 13.1.2023, zeit.de/kultur/2023-01/karina-theurer-kolonialismus-namibia-aufarbeitung

19 Kämmerer, Jörn Axel; Föh, Jörg: »Das Völkerrecht als Instrument der Wiedergutmachung? Eine kritische Betrachtung am Beispiel des Herero-Aufstandes«, in: Archiv des Völkerrechts 42 (3), 2004, S. 294–328, hier S. 298

20 The Herero People's Reparation Corporation (HPRC) vs. Deutsche Bank, Terex Corporation & Woermann Linie. Class Action, 2001, asser.nl/upload/documents/DomCLIC/Docs/NLP/US/Herero_Genocide_Case_Complaint_06-09-2001.pdf

21 Borggräfe, Henning: »Die lange Nachgeschichte der NS-Zwangsarbeit. Akteure, Deutungen und Ergebnisse im Streit um Entschädigung, 1945–2000«, in: Goschler, Constantin; Brunner, José; Ruchniewicz, Krzysztof; Ther, Philipp (Hg.): Die Stiftung. Der Abschluss der deutschen Wiedergutmachung?, Göttingen 2012, S. 7

22 Goschler, Constantin: Vom asymmetrischen Tauschhandel zur humanitären Geste. Die moralische Ökonomie des Auszahlungsprogramms der Stiftung ›Erinnerung, Verantwortung, Zukunft‹, in: ders. et al. (Hg.) (2012): Die Stiftung, S. 26

23 Kämmerer, Jörn Axel: »The Persecution of the Herero from the Perspective of Public International Law«, in: Schmidt (Hg.) (2010): The Division of the Earth, S. 86

24 Eicker, Steffen: Der Deutsch-Herero-Krieg und das Völkerrecht. Die völkerrechtliche Haftung der Bundesrepublik Deutschland für das Vorgehen des Deutschen Reiches gegen die Herero in Deutsch-Südwestafrika im Jahre 1904 und ihre Durchsetzung vor einem nationalen Gericht, Frankfurt a. M. 2009, S. 409

25 Ebd., S. 479

26 Savelsberg, Joachim J.; King, Ryan D.: »Law and Collective Memory«, in: Annual Review of Law and Social Science 3 (1), 2007 S. 189–211, hier: S. 200–202

27 HPRC Class Action (2001), S. 21

28 Zimmerer, Jürgen: Von Windhuk nach Auschwitz. Beiträge zum Verhältnis von Kolonialismus und Holocaust, Münster, Hamburg [u. a.] 2007

Our aim was and remains to find a shared path towards genuine reconciliation in memory of the victims. This includes being unreserved and unflinching in naming the events of the German colonial period in what is now Namibia and in particular the atrocities between 1904 and 1908. We will now officially call these events what they are from today's perspective: a genocide.

Given Germany's historical and moral responsibility, we will ask Namibia and the descendants of the victims for forgiveness.

As a gesture of recognition of the immeasurable suffering inflicted on the victims, we want to support Namibia and the victims' descendants with a substantial programme to the tune of 1.1 billion euro for reconstruction and development. [...] Legal claims for compensation cannot be derived from it. [...]

Press release from the German Federal Foreign Office, 28 May 2021[4]

117 years after the beginning of the genocide against the OvaHerero and Nama carried out by German colonial soldiers in what was then German South West Africa and is now known as Namibia, Germany expressed the desire to find a "shared path towards genuine reconciliation". Since 2015, representatives from Germany and Namibia had been in negotiations to agree upon a shared governmental statement that contains both a recognition of the genocide as well as an apology. Although a precise death toll cannot be determined, it is believed that around eighty percent of OvaHereros and twenty percent of Namas died.[5] In May 2021, the German Federal Foreign Office announced that negotiations had been concluded and that an apology would be forthcoming before the end of the current legislative period in September of the same year. Shortly after the publication of the above-cited press release, however, the OvaHerero and Nama communities expressed vehement criticism of the wording of the document that resulted from the German-Namibian negotiations. The passages which state that "legal claims for compensation" cannot be derived from the recognition of the genocide and that "these amounts mentioned above settle all financial aspects of the issues relating to the past"[6] in particular were strongly rejected by the victims' descendants. Although the affected communities are also supposed to profit from the billion-euro sum that has been promised "for reconstruction and development", this developmental aid will above all benefit the Namibian state. Since as far back as the 1990s—that is, since Namibia's independence—the OvaHerero and Nama have been demanding that the genocide be recognised, that reparations be paid, and that the German federal government deliver an official apology, only for these demands to fall on deaf ears. The affected communities were also not invited to participate in the negotiations concerning the "reconciliation agreement", which led them to file a lawsuit with the high court in Windhoek in January 2023 with the intention of preventing the signing of the "joint declaration" between Germany and Namibia. In April 2023, a report by UN special

moment of Namibia's independence.[37] With respect to the genocide, the intention here is that an impression of a consistent policy of coming to terms with the past emerges, one which above all positively appraises Germany's actions. Reconciliation thus becomes a voluntary act which the descendants of the perpetrators can use to portray themselves in all their apparent selflessness and generosity. In his book *Versöhnungstheater* (Theatre of Reconciliation), journalist Max Czollek labels this form of portrayal in relation to National Socialism as "Wiedergutwerdung" ("becoming good again")—a term developed by author Eike Geisel to describe Germany's reckoning with its Nazi past. Here, "to become good again" means that the descendants of the perpetrators can reconcile themselves with the historic crimes of the past without ever having to consider genuine possibilities for a *Wiedergutmachung*.[38] Just such a development is also apparent in Germany's processing of its colonial past.

Pathways to Redistributive Justice

> *I find this obsession with the amount to be patronizing, that you can dangle this carrot to these African minority Indigenous people (and) they should be happy with it because they are so poor [...]. No amount of money can ever wholly repair the damage that has been done. It's about recognition. Germany will only recognize us when it sits with us at the table.*
>
> Sima Luipert, NTLA, 23 December 2023[39]

Here, activist and deputy chairperson of the Technical Committee on the Nama Genocide under the supervision of the Nama Traditional Leaders Association (NTLA) Sima Luipert calls out the way that the process of coming to terms with the historical mass atrocities committed against the OvaHerero and Nama has been handled: she calls the negotiation of exactly how much money should be paid obsessive and patronising. Central to her is the recognition that can only occur as the result of a direct dialogue. Recognition does not only comprise the naming of historical crimes, but also the recognition of the "others" and their pain. This also means recognising that there are differing perceptions of what is considered "just". Philosopher Nancy Fraser has advocated for an understanding of social justice that incorporates substantial measures to facilitate redistribution.[40] In order to achieve a form of redistribution by means of reparations as well as having the affected groups actively participate in the "reconciliation process", the victims' descendants have once again been pursuing legal action since 2023.

The present impact of the past is reflected in Western-shaped international law just as much as it is in the neo-colonial developmental cooperation envisaged by the German government. Social justice can only be achieved via recognition and redistribution. Dissenting legal voices are increasingly subjecting international law to decolonial critique in order to establish a legal justification for the obligation to pay reparations.[41] It is for this reason that lawyer Matthias Goldmann has written that the West must not be allowed to hide behind the fact that the law was "unfortunately" unjust in the past.[42] The racist default position of international law is obvious. Ultimately, it justifies the ongoing legal non-recognition of the genocide through the invocation of intertemporality. A recognition of the genocide under international law, as necessary and overdue as it is, would not necessarily (under the current legal system) lead to obligatory reparations or make them enforceable. This means that political solutions are required, ones which take seriously Luipert's point that the discussions about concrete monetary sums are fundamentally patronising as long as no recognition—of both the historical facts as well as the affected communities as official negotiation partners—has been undertaken.

Although financial compensation for colonial mass atrocities or the trafficking of enslaved people is important, "reparations" must be much more wide-reaching and extensive. In 2013, the international organisation Caribbean Community (CARICOM), made up of 14 Caribbean states, developed a "Ten Point Action Plan for Reparatory Justice" which calls for the cancellation of debt, the transfer of technology and sharing of scientific advances, and the funding and preservation of cultural identity as well as indigenous knowledge.[43] The plan additionally proposes fundamental reconciliation measures such as the formulation of an official apology and/or the implementation of truth and reconciliation commissions. Reparations can also entail the return of human remains that were stolen for pseudoscientific purposes to their societies of origin and the restitution of artifacts and artworks of colonial provenance from European museums to the places from which they were taken. It is therefore essential to enter into dialogue with the actual people who have been and will continue to be affected. As frustrating as the legal process has been so far for the descendants, both the previous and the current lawsuits have raised public awareness around colonial violence. Political pressure is rising—which means that activists need to take a stand against attempts at *Wiedergutwerdung* more than ever.

Supplement to MaroHeft #14:

Der Prozess

Wie der deutsche Völkermord an den OvaHerero und Nama nicht vor Gericht kam

 • ISBN 978-3-87512-629-7

Ryan Eyers translates from German into English, specializing in the fields of art, politics, literature, and popular culture. He is a co-founder of *Gegensatz* Translation Collective, and has also written several books for children.

Christiane Bürger and Sahra Rausch

The Trial(s)

Why the German Genocide of the OvaHerero and Nama Hasn't Yet Faced Trial

With Illustrations by Tuaovisiua Betty Katuuo

Translation: Ryan Eyers

On 23 January 1904, Samuel Maharero, chief of the OvaHerero people, composed a call to war against the German colonisers in "German South West Africa". Since 1884, the OvaHerero people had been living under German rulers that saw the local population as "a necessary source of labour for the future use of the land"[1] at best. In the years before this uprising, which would also later involve the Nama people living in the south of the country, the occupiers displayed a brutality that was aimed at destroying the culture and way of life of the existing inhabitants. The countless murders, rapes, and abuses committed by the Germans are well-documented. The local population was exploited and driven from the fertile land on which their survival depended.

The resistance fighters inflicted high losses on the colonisers and the German imperial army—sparing German women and children on the express orders of Maharero. Kaiser Wilhelm II and chief of the Great General Staff Alfred von Schlieffen were convinced that "[t]he race war that has erupted can only be concluded through the extermination [...] of the other party"[2]. In the course of the conflict, General Lothar von Trotha would be called upon from Germany to bring the matter under control. So reads von Trotha's "extermination order", just one of countless pieces of evidence for what historians would later label the first genocide of the twentieth century: "Within the German borders, every Herero, with or without a gun, with or without cattle, will be shot. I will no longer accept women and children, I will drive them back to their people or let them be shot at."[3] Following the Battle of Waterberg in August 1904, thousands were forced into the desert and thus to their deaths by military force. Months later, long after the worst had already been done, the German Empire officially rescinded von Trotha's order, and he was assigned sole responsibility and blame. In the decades following the genocide, various political interests led to its relativisation. Between 1904 and 1908, tens of thousands of people died in the war and in the concentration camps that had been established in Okahandja, Windhoek, and Swakopmund. For decades, the descendants of the victims have been campaigning for a recognition of the genocide, for reparations, and for an official apology from the German government. This text focuses on the succession of legal trials that they have been pursuing against the German state since 1999.

government's argumentation, she continues, "reproduces the racist, colonial form of disenfranchisement that is founded on dehumanisation"[9].

Modern-day international law is the product of a lengthy historical process in which conflicting positions contended with one another. Under the credo of legal equality, this supranational legal framework claims to govern the relationships between nation states. Historically, international law has served colonialist aspirations of expansion and its racialised discourse as well as provided a justification for dividing the world into "civilised" and "uncivilised". Against this backdrop, the jurisdiction and justiciability of international law can hardly be considered "neutral" spheres. In this way, asymmetric geopolitical and economic power relations that existed and still exist between states continue to exert their effects, despite the supposed equality that international law proclaims.[10]

In the same vein, the Genocide Convention of 1948 also did not emerge out of a "neutral" context; it was a direct reaction to the Holocaust and was not designed to facilitate the prosecution of colonial mass atrocities. But the violence that occurred in the colonies did influence the creation of the convention. In his advocacy for the convention's establishment, lawyer and Holocaust survivor Raphael Lemkin (who coined the term "genocide") argued that the principle of intertemporality should not be applicable to crimes against humanity. In his early writings, he was already referring to the genocides of the Armenians and the OvaHerero and Nama. Lemkin's definition of genocide encompasses not only the killing of entire sections of the population but also cultural, religious, political, social, and economic crimes that are intended to erase a given group.[11] His concept of "cultural genocide" in particular was rejected by many contemporaries as too wide-reaching, however. Because legal consequences that would be detrimental to former colonial states were expected to result from such a concept being included, it is thus not present in the Genocide Convention, which was ratified by 147 states in 1951[12]. Notably, the United States did not sign the convention until the autumn of 1988, at the end of the Cold War. It was long feared that the country could be legally prosecuted on the basis of the slavery in the southern states, the displacement and decimation of First Nation peoples, or the two atom bombs dropped on Hiroshima and Nagasaki. After the first trials under international criminal law concerning genocide that took place in the years immediately following the Second World War, it would be several decades before the convention found renewed application. It was not until the 1990s that the first ad hoc criminal tribunals were created, which were concerned with violations of international law in the Yugoslavian War as well as the genocide of the Tutsi in Rwanda in 1994.

The UN convention does in fact make it possible to criminally prosecute genocides on an international level. International law, however—in contrast to national law—is unique in the sense that there is no executive that can mandate the enforcement of legal decisions within other sovereign states. Imprisonment only occurs in exceptional

Authority (OTA) and the Nama Traditional Leader Association (NTLA)—the conditions for the formulation of an official apology were to be settled upon. When the German government's press spokesperson again used the word "genocide" at a press conference in 2016, the government already knew that in no way would reparations be able to stem from this linguistic adjustment. They legally protected themselves against this with the aid of various reports produced by the Bundestag's Research Services. While the negotiations between the governments were still ongoing, representatives of the OvaHerero and Nama decided to commence legal proceedings in the United States once again. On 5 January 2017, they filed another class-action lawsuit with the US district court in Manhattan, with which they sought to obtain compensation for the genocide and loss of property. This time, they substantiated their complaint with the allegation that the German government had violated the UN Declaration on the Rights of Indigenous Peoples that had been adopted 10 years previously. While the lawsuit did not change anything on the legal front—it was dismissed in 2019 with reference again being made to state immunity as well as the principle of intertemporality—it did have an effect on the related discussion in Germany. Even though it had never actually been subjected to legal scrutiny in court, the mass colonial violence was increasingly being considered and assessed against the backdrop of the process of coming to terms with Nazi crimes and the Holocaust. In January 2018, as the German government continued to ignore the lawsuit's filing with a US court, historian Jürgen Zimmerer wrote the following in the newspaper *Die Tageszeitung*:

> *Germany's way of coping with the past [Vergangenheitsbewältigung] after the Second World War became an essential element of German identity; the recognition of historical guilt and the associated reconciliation part of its "reason of state" [Staatsräson]. This allowed Germany to return to the circle of "civilised" nations (as it was understood) following the crimes of the Third Reich. And in fact, a considerable amount was achieved in this regard. Many were so proud of these efforts that German politicians have in recent years repeatedly put their own country forward as a model to Turkey for how a country can deal with a genocidal past. 2016 saw the Bundestag pass a resolution officially recognising the Armenian genocide.*
>
> *The fact that this willingness to recognise genocide does not seem to extend to the one carried out by German troops in German South West Africa 10 years before is difficult to explain. The fact that attempts are being made to use legal manoeuvring to essentially ignore the complaint filed by the descendants of the victims is shameful.*[32]

Zimmerer's dissenting argument makes clear the way in which the courtroom (and the universal rhetoric of reconciliation that is linked to it) is transformed into a site for

By speaking of the "European Holocaust", the OvaHerero place the genocide in German South West Africa in a continuity "from Windhoek to Auschwitz"[28] and draw a connection between colonial violence and Nazi violence. This correlating of colonialism and national socialism, which in later years was cause for controversial discussion in newspaper columns and historical scholarship, attracted little attention in 2001. It was "another" genocide—years later, mind you—that re-ignited the media and political debate around the subject.

2015 marked 100 years since the Armenian genocide. Turkey, which has steadfastly refused to recognise the atrocity as such, has been heavily criticised for its position internationally, in particular by Germany. In 2015, two then-opposition parties—Die Linke and Alliance '90/The Greens—put forward a resolution on recognising the genocide in a session of the Bundestag. Turkish president Recep Tayyip Erdoğan reacted to this by hitting back at Germany, saying that it needed to properly come to terms with its own genocide before it was entitled to criticise Turkey in this regard. In response, then-president of the Bundestag Norbert Lammert wrote in the weekly newspaper *Die Zeit*: "Anyone in Germany who speaks of the Armenian genocide must not remain silent on the German genocide of the Herero and Nama."[29] Thus, in July 2015, the German government was able to unofficially designate the "events" in German South West Africa a genocide.

How does one accomplish the feat of unofficially recognising historical mass atrocities? Here's how the German government did it: a press spokesperson for the government—not a member of the government itself—used the term "genocide" only in the form of quotes from past resolutions that were put to a vote in the Bundestag but were not adopted. Conveniently, one of these resolutions, from 2012, came from then-opposition leader Frank-Walter Steinmeier, who had since gone on to become foreign minister. This manoeuvre by the press spokesperson also confused the journalists who were present: one followed up by asking if this meant that "the government says: that was a genocide", which would certainly have been rather big news, as the journalist himself remarked. In response, the press spokesperson said: "Then report it." This indirect recognition of the genocide was not accepted by the victims' descendants—above all, because it was not connected to "symbolic and material reparations", as they made clear in a press release in March 2016.[30] Therein lies the reason that the German government would not allow their press spokesperson to actually say the word "genocide": the demand for reparations by the OvaHerero and Nama.

The dialogue process that had already begun in 2015 between the two respective governments was led by former diplomat and Herero Dr Zed Ngavirue on the Namibian side and CDU politician Ruprecht Polenz on the German. The goal was to "come to a joint understanding about what occurred".[31] Behind closed doors and without the involvement of the main interest groups that collectively represent the OvaHerero and Nama—for example the Paramount Chief of the OvaHerero or the OvaHerero Traditional circumstances, such as when convicted states dissolve or when revolutions lead to a change in power hierarchies. In addition, the undersigned states can decide for themselves whether they wish to appear before court on a case-by-case basis. In colonial contexts these legal possibilities usually only play a minor role, however, even if a case does reach the stage of criminal proceedings, since both the victims and perpetrators are often dead. Despite this, the descendants of the OvaHerero and Nama are still pursuing a formal legal recognition of the genocide. Through this, they hope to be able to force the payment of compensation, which can also be deduced from the fact that they are demanding a "reparations agreement" instead of a "reconciliation agreement". All of this brings us to our second key point: the refusal to pay reparations by the German government.

"Wiedergutmachung"—Reparations—Compensation

As things currently stand, many of the descendants of the OvaHerero and Nama that survived the genocide live under precarious economic conditions and hold very few influential political positions.[13] This is connected to the fact that a consequence of the genocide and the forced displacement that went along with it was a systematic theft of land and possessions. To this day, the majority of the OvaHerero and Nama's former land is still owned by white settlers.[14] Because land reforms that would change relations of ownership to benefit the OvaHerero and Nama have repeatedly been rejected by the Namibian government, many representatives are demanding financial compensation, in order to be able to "buy back" the land on which their peoples once lived. Such compensation would also benefit descendants living in exile—a group whose interests have not been represented by the Namibian government in negotiations. But the German government has categorically ruled out paying compensation. In March 2023, the German Federal Foreign Office once again made their position clear: "In the absence of legal justification, neither individual nor collective compensation claims by independent victim groups such as the Herero and Nama or their associations against the federal government have any basis."[15] Why then do the descendants continue to try and apply pressure by legal means?

The reason is that they hope an official recognition of the genocide under international law will lead to the enforcement of their claims. The terms *Reparationen* (reparations), *Entschädigung* (compensation), or *Wiedergutmachung** are often used synonymously in the media and political debates, despite there being specific contextual differences. The term "reparations" is often used when a "repairing" of historical injustice is called for in the form of transferred funds or symbolic acts of recognition, and is a commonly used word internationally. In German, the term is often used to

* *Wiedergutmachung* is a term in German meaning "reparations", and is often used to refer to those paid by the German government to direct survivors of the Holocaust (as well as other victims of the Nazis). The verb from which it is derived, *wiedergutmachen*, literally translates to "to make good again".

refer to the reparations paid after the First World War that were agreed to as the "right of the victors" in the peace treaty signed with France, Italy, Great Britain, and the United States and can be traced back to a long tradition in the laws of war. In a German context, the term reparations was seldom used (and if so, often in a strongly judgmental manner) before 2021—that is before the OvaHerero and Nama began using it explicitly. In response to a minor interpellation submitted by left-wing party Die Linke in the Bundestag in 2016 concerning the current state of negotiations with Namibia around coming to terms with the genocide of the OvaHerero and Nama, the German government defined reparations as being "compensation for war damages" that can be agreed upon between nation states, and went on to say that the term *Wiedergutmachung* is "typically" applied to a Nazi context and is therefore understood as an expression that refers to compensation paid towards those persecuted by the Nazis.[16] The German government thus sees both such compensation as well as reparations as being out of the question when it comes to the genocide of the OvaHerero and Nama.

In reality, states are constantly trying to avoid the obligation to pay compensation. For one thing, there is the possible "risk" of establishing a legal precedent that other victim groups could later invoke. In addition, compensation payments are considered insufficient in the rhetoric of inter-governmental reconciliation—especially if they are legally imposed, thereby casting doubt on the "voluntary" nature of the payment. The state rejection of compensation payments also applies equally to the policy of *Wiedergutmachung* towards the victims of National Socialism. Philosopher Urs Lindner has pointed out that "Germany [...] has so far paid two forms of compensation: to Jewish victims and to Eastern European forced labourers. In both cases there was undignified haggling on the part of the Germans, and in the second instance the process was even delayed until the point when the majority of survivors had died."[17] In the case of the OvaHerero and Nama, the German government has also reasoned that compensation cannot be paid because those directly affected by the genocide have long been dead. Because the main representatives of the OvaHerero and Nama have not been directly involved in the negotiations between the German and Namibian governments, Germany argues that an *interstate* "reconciliation dialogue" can *only* be pursued at a governmental level. Lastly, an additional argument that is deployed is that the payments to forced labourers came about as a result of Germany's policy of *Wiedergutmachung*. From the first compensation payments made to Israel through to the conclusion of various international agreements with neighbouring Eastern European states, Germany's *Wiedergutmachung* was always a politically contentious endeavour. In all of these instances, there was never a legal obligation to pay compensation. This is why the German government also stresses that all such previous payments were "voluntary". This is important to take note of, since the engagement with Germany's colonial past is always required to take place within the boundaries imposed by German-defined notions of remembrance and *Wiedergutmachung*.

on the Rights of Indigenous Peoples in 2007, a new possibility for subjecting the OvaHerero and Nama's demands for compensation to legal scrutiny opened up, which we will cover in due course.

Although the prospects of obtaining compensation by legal means are vanishingly slim, it is worth highlighting that the courtroom constitutes an important space in which a negotiation of the politics of remembrance can play out. In addition, what is also required is a societal and political consensus in the "perpetrator societies" concerning the need to account for colonial crimes in order for valid demands to be properly dealt with. At the very least, the courtroom enables the descendants of victims of colonial violence to formulate their demands for compensation—sometimes for the first time. Above all, legal trials can reach a much larger audience through being reported on by the media. At the same time, this also brings into focus which history/ies are given the time and space to be re-evaluated within the remembrance-culture sphere.[26]

The lawsuits filed by the former forced labourers as well as the OvaHerero in 2001 show that due to the legal situation and the way that the fight for financial compensation is shaped by unequal power relations, political answers must be found instead. When it comes to marginalised crimes, it is also important that these first be recognised by Western states. It is precisely this which the German government refused to do up until 2015 by avoiding the use of the term genocide. In order to obtain recognition, marginalised groups are forced to refer to the standards set by the established rhetoric of remembrance. In the German context, these are primarily guided by the remembrance of the Holocaust. Although the majority of victims were ignored for decades in Germany's process of coming to terms with the Holocaust, and many never received compensation, there was—at least rhetorically—an acknowledgement of a "duty of accountability", which is increasingly also true with respect to colonial crimes.

Tying in with this rhetoric of remembrance, the class-action filing, which runs over 60 pages, repeatedly makes reference to the Holocaust and Germany's policy of *Wiedergutmachung*. Depicted as a "precursor to the Holocaust", the document mentions the "final solution", the "concentration camp" system, and Eugen Fischer and his racist medical experiments in German South West Africa. The complaint's introduction reads:

> *Foreshadowing with chilling precision the irredeemable horror of the European Holocaust only decades later, the defendants and Imperial Germany formed a German commercial enterprise which cold-bloodedly employed explicitly-sanctioned extermination, the destruction of tribal culture and social organization, concentration camps, forced labor, medical experimentation and the exploitation of women and children in order to advance their common financial interests.*[27]

to out-of-court settlements. The defendants' willingness to pay compensation only came about as a result of massive international political pressure and the threat of boycotts in the United States. A welcome side effect of this for the German companies was that they thus avoided a legally binding admission of guilt. In 1999, the Stiftung Erinnerung, Verantwortung, Zukunft (Remembrance, Responsibility, and the Future Foundation) was established to oversee the paying out of compensation to the value of ten billion Deutschmarks, the financing of which was split evenly between the German state and companies who had profited from the use of forced labour.[21] In order to get these companies to contribute to the compensation fund, they were guaranteed in return that the establishment of the fund meant that all associated legal claims were thus considered settled.[22] This meant that from then on, all recourse to legal action for those who were made to undertake forced labour during the National Socialist period was no longer possible. The parallels to Germany and Namibia's joint declaration are obvious—here too, the German government is ultimately trying to put a stop to any future monetary claims in connection with its colonial past.

In filing a class-action lawsuit in the United States, the OvaHerero were pursuing the same strategy as the former forced labourers. Because international law dictates that states enjoy immunity on an international level with respect to the jurisdiction of other countries, however, this attempt to sue the German government—just like the lawsuit in The Hague in 1999—was also unsuccessful.[23] At this point in time, civil class-action lawsuits against companies are the only legal means available for post-colonial actors to make use of. The companies accused were Deutsche Bank AG, Reederei Woermann, and Terex, the US manufacturer of construction and mining machinery that bought German firm Orenstein & Koppel. Since the Second World War, however, the international community has seen reparations for "war-related damages"[24] (which the lawsuit sought to obtain) as the entitlement of a harmed state, and correspondingly only deals with them on a governmental level. The class-action, as a civil suit, aimed at winning individual compensation—regardless of whether the OvaHerero conceive of the demanded reparations in a collective sense and consequently to the benefit of their entire community.[25] In terms of the legal assessment of their claims, it is significant that as descendants—in contrast to the former forced labourers and others persecuted by the Nazis—the OvaHerero making the claim were not directly affected by the genocide. Lawyer Stefan Eicker has thus concluded that compensation for personal damages can be ruled out; only "hereditary claims" could be asserted. Due to the time that has elapsed and the OvaHerero's non-Western conception of ownership and property relations, providing evidence for such a claim is difficult. For this reason (among others), the suit was dismissed in 2003, as according to the court the plaintiffs could not convincingly demonstrate their claims. Since then, the OvaHerero and Nama have filed no further compensation lawsuits in the United States against German companies that are located there. Following the adoption of the UN Declaration

If we look a little more closely at the punishment of (post-)colonial crimes, there have so far only been two successful cases internationally. In the first instance, the tortured and persecuted survivors of the Kenyan independence movement (see: Mau Mau Uprising, 1952–1960) succeeded in forcing the British government to provide financial compensation. In the second instance, widows from Indonesia fought for compensation for the murder of their husbands in 1947. The Netherlands did not recognise Indonesia's proclamation of independence in 1945 and sought to thwart it by military force until 1949. It was only after the case was heard in The Hague around 60 years after the massacre occurred and the Netherlands was obliged to make an apology and pay compensation that the government relented and owned up to its historical responsibility. Lawyer Karina Theurer has stressed that "these examples refer to crimes that were committed during so-called wars of independence. There have so far been no successful lawsuits, however, that are concerned with the legal reappraisal of or reparations (including compensation) for colonial crimes at the beginning of the twentieth century."[18] An argument often invoked to explain this is that when it comes to historical crimes, especially those that occurred in the distant past, individual compensation claims can no longer be properly pursued because both the perpetrators as well as the victims are already dead. Why then did the OvaHerero file a suit against the German government and German companies in 2001 if the odds of having the genocide criminally prosecuted were against them?

The Law Is Not the Same as Justice

In 1999, the OvaHerero filed a lawsuit against the Federal Republic of Germany in the International Court of Justice (ICJ) in The Hague for the first time, after earlier attempts by those involved to get the German government to enter into a dialogue about reckoning with its colonial past were declined. As only sovereign states (but not ethnic groups) are able to bring other states before the ICJ, their lawsuit was unsuccessful.[19] From 1998 onwards, former forced labourers under the Nazi regime who did not possess German citizenship began filing class-action lawsuits demanding financial compensation against German companies active in the US market who made use of forced labourers during the National Socialist period. Well into the 1990s, the majority of those persecuted by the Nazi regime were excluded from financial compensation procedures. These cases became models for the descendants of the genocide victims in their quest to assert the validity of their own claims. In 2001, the Herero People's Reparation Corporation (HPRC) filed a class-action lawsuit in New York in which they accused three German companies based in the United States as having profited from the genocide.[20] Together with a concurrent suit against the German government, the OvaHerero sought damages amounting to two billion US dollars.

However—and this is key in the context of the OvaHerero's legal efforts—the lawsuits filed by the former forced labourers were not successful in court, instead leading